Club PRISMA

MÉTODO DE ESPAÑOL PARA JÓVENES

A1

Nivel inicial

LIBRO DE EJERCICIOS

Paula Cerdeira
Ana Romero

Edi
numen

© Editorial Edinumen 2007
© Paula Cerdeira y Ana Romero

ISBN: 978-84-9848-011-5
Depósito Legal: M-26538-2010
Impreso en España
Printed in Spain

Coordinación pedagógica:
María José Gelabert

Coordinación editorial:
Mar Menéndez

Ilustraciones:
Carlos Yllana

Diseño y maquetación:
Antonio Arias y Juanjo López

Fotografías:
Archivo Edinumen

Imprimesión:
Gráficas Glodami. Coslada (Madrid)

Editorial Edinumen
José Celestino Mutis, 4
28028 - Madrid
Tlf.: 91 308 51 42
Fax: 91 319 93 09
e-mail: edinumen@edinumen.es
www.edinumen.es

INCLUYE **EXTENSIÓN DIGITAL**

Accede a tus complementos interactivos extras en
www.edinumen.es/eleteca

Código de acceso: **98480115**

Unidad 1

1.1. Escribe las letras que faltan.

EL A_F_B_TO Y LOS S_N_D_S
A B C ☐ D E ☐ ☐ H I
☐ K L ☐ M ☐ ☐ O P
R S ☐ U V ☐ X Y Z

1.2. Descubre el nombre de los siguientes dibujos completando las palabras. A continuación lee las palabras y deletréalas.

a. `__ r __ __ l`

b. `C __ s __`

c. `__ i __ o __`

d. `L __ __ i __`

e. `__ s __ a __ a`

f. `E __ __ f __ __ t __`

g. `F __ t __ __ r __ fí __`

h. `__ e __ __ fon __`

1.3. Escribe el nombre de los números pares que faltan.

1 .... 3 .... 5 ....
7 .... 9 .... 11 ....
13 .... 15 ....
17 .... 19 ....

1.4. Fíjate en las siguientes series de números; todas siguen una lógica. Complétalas.

A uno, dos, tres, _____, ____, ____, ____.

B diez, nueve, ocho, ____, ____, ____, ____.

C veinte, treinta, cuarenta, _____,
_____, _____, _____.

D cien, noventa, ochenta, _____,
_____, _____, _____.

1.5. Escribe en letra el número de objetos que hay, diciendo también su nombre.

a.

b.

c.

d.

1.6. Escribe el resultado con cifras y con letras.

Ejemplo: *7+5=12 (doce)*.

a. 12 + 14 =

b. 3 x 9 =

c. 80 - 65 =

d. 50 / 2 =

e. 45 + 22 =

f. 95 - 32 =

1.7. Ahora escribe el resultado del ejercicio anterior pero al revés.

Ejemplo:

7+5=12 (doce) ➜ *21 (veintiuno)*.

a. _____

b. _____

c. _____

d. _____

e. _____

f. _____

1.8. Relaciona los dibujos con el pronombre correspondiente.

Ana y María

Tú (Ana), Elena y Mónica

Yo (Paula), Juan y Alberto

Papá y mamá

Tú (Ricardo), Adrián y Mateo

a. ellos
b. vosotros
c. nosotros
d. ellas
e. vosotras

1.9. Completa este cuadro con las formas conjugadas de dos verbos irregulares: *ser* y *tener*.

	yo	tú	él / ella usted	nosotros nosotras	vosotros vosotras	ellos / ellas ustedes
Ser		eres				
Tener					tenéis	

1.10. Ahora completa otro cuadro con las formas conjugadas del verbo *llamarse*.

	yo	tú	él / ella usted	nosotros nosotras	vosotros vosotras	ellos / ellas ustedes
Llamarse			se llama			

1.11. Completa las siguientes frases.

a. María .... (tener) 14 años.

b. Juan y María .... (ser) hermanos.

c. La hermana de Juan .... (llamarse) María.

d. Mis padres .... (ser) chilenos.

e. Yo .... (tener) un perro que .... (llamarse) Boby.

f. (Vosotros) No .... (ser) españoles, ... (ser) ingleses.

g. Nosotras tampoco .... (ser) españolas, ... (ser) italianas.

1.12. Observa estas letras que se cruzan y localiza cinco nombres de países.

melañapseafbalemaniabhunbar

1.13. Alberto es un estudiante nuevo en clase. Sus compañeros le hacen muchas preguntas. Relaciona.

a. ¿Cuántos años tienes? • → • 1. Alberto.
b. ¿Cuántos apellidos tienes? • • 2. Quince.
c. ¿Tienes hermanos? • • 3. Sí, y también francés.
d. ¿De dónde eres? • • 4. Sí, uno y se llama Juan.
e. ¿A qué te dedicas? • • 5. De España.
f. ¿Hablas inglés? • • 6. Dos: García y Gutiérrez.
g. ¿Cómo te llamas? • • 7. Soy estudiante.

1.14. Escribe una pequeña presentación sobre Alberto.

_____
_____
_____
_____

1.15. Agrupa los países del ejercicio 1.12. por continentes y completa el cuadro. Añade tres más a la lista.

País	Continente	Personas	Lengua
España	Europa	español española españoles españolas	español

1.16. Completa el cuadro empezando con los datos de Alberto (ver el ejercicio 1.13.).

	Alberto	Yo	Mi mejor amigo/a
Nombre			
Apellido(s)			
Edad			
Nacionalidad			
Ocupación			
Número de hermanos y sus nombres			
Idiomas que habla (o)			

1.17. Ordena las letras de las siguientes profesiones.

1. d é m o c i

2. r o f e p o s r

3. m a r f e e n r e

4. z a f a a a t

5. a s t i x a t

6. q e l u p e u r o

1.18. Relaciona las profesiones anteriores con los diferentes lugares de trabajo y escribe el nombre debajo de los dibujos. Ten en cuenta que dos de ellos trabajan en el mismo lugar.

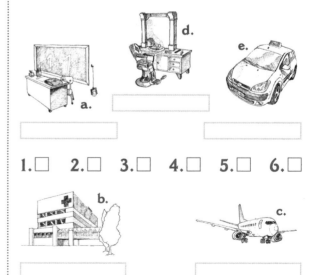

1.☐ 2.☐ 3.☐ 4.☐ 5.☐ 6.☐

1.19. Corrige los errores y di si son gramaticales (G) o de significado (S).

	G	S
a. Un médico trabaja en una escuela.	☐	☐
b. ¿Cuántos años tienes Ana y Pedro?	☐	☐
c. ¿De dónde sois tú?	☐	☐
d. Los españoles tenemos solo un apellido.	☐	☐
e. Nicole es en Alemania.	☐	☐

1.20. Ordena las siguientes frases.

a. Ana/ Soy/ de/ y/ Madrid/ vivo/ pero/ Salamanca./ soy/ en

b. es/ Madrid/ ciudad/ grande./ una/ muy

c. trabaja/ colegio./ un/ en/ El/ profesor

d. más/ a/ Quince/ igual/ veinte./ cinco

e. quince./ Moisés/ tiene/ diecisiete años/ y Bartolomé/ tiene

1.21. Lee el siguiente texto.

Hola a todos:

Nos llamamos Diego y Elena. Somos de Montevideo, la capital de Uruguay, y tenemos 15 y 16 años. Vivimos en Madrid, la capital de España, una ciudad muy grande donde hay gente de todas las culturas. Estudiamos en una escuela muy grande y tenemos muchos amigos. En el colegio estudiamos inglés pero después de clase estudiamos también francés y alemán. Yo (Diego) tengo muchos amigos franceses y hablo con ellos en francés, y ella (Elena) tiene muchos amigos alemanes y habla con ellos en alemán. ¡Es fantástico hablar muchos idiomas!

a. Contesta las siguientes preguntas.

1. ¿De dónde son Diego y Elena?
....

2. ¿Dónde viven?
....

3. ¿Cuántos idiomas estudian Diego y Elena?
....

4. ¿De dónde son los amigos de Diego?
....

5. ¿De dónde son los amigos de Elena?
....

6. ¿En qué idioma habla Diego con sus amigos? ¿Y Elena?
....

b. Di si es verdadero (V) o falso (F).

	V	F
1. Madrid es una ciudad con poca gente.		
2. Después de clase Diego y Elena estudian inglés.		
3. La escuela de Diego y Elena tiene muchos estudiantes.		
4. Elena habla en francés con sus amigos.		
5. Diego tiene 15 años.		

c. Contesta.

1. El nombre de la capital de España:

2. El nombre de la capital de Uruguay:

3. El país donde se habla francés:

4. El país donde se habla alemán:

5. En Uruguay se habla:

1.22. Observa atentamente estas situaciones.

A.

B.

a. **Explica cómo crees que son los lugares dónde se encuentran estas personas y escribe el nombre de dichos lugares.**

b. **¿Son lugares diferentes? ¿Por qué?**

c. **Para completar la explicación solo nos falta saber qué dicen estas personas. Escribe un diálogo para cada situación.**

Unidad 2

2.1.

a. Este es Hiro, también estudia español, pero no recuerda cómo funciona el género de las palabras. ¿Puedes ayudarlo? Clasifica las terminaciones y escribe algún ejemplo. Puedes usar el diccionario.

¿-ción?
¿-dad?
¿-or?

Masculino	Femenino

b. ¿Conoces algunas excepciones? Escríbelas aquí.

Masculino	Femenino

2.2.

Busca en la unidad 2 del libro del alumno las siguientes palabras y escribe *el* o *la* delante de ellas.

a. cartel		**i.** ordenador
b. escritorio		**j.** armario
c. mesa		**k.** habitación
d. mochila		**l.** estantería
e. baño		**m.** goma
f. borrador		**n.** rotulador
g. cocina		**ñ.** lápiz
h. papelera		

2.3.

Escribe el plural de las palabras anteriores. Escribe *los* o *las* delante de ellas.

a. ... _____ f. ... _____ k. ... _____
b. ... _____ g. ... _____ l. ... _____
c. ... _____ h. ... _____ m. ... _____
d. ... _____ i. ... _____ n. ... _____
e. ... _____ j. ... _____ ñ. ... _____

2.4.

Relaciona los sustantivos y los adjetivos que concuerdan en género y número.

1. Las gafas •   • a. negros.
2. El móvil •   • b. grande.
3. El mapa •   • c. pequeña.
4. La cama •   • d. rojas.
5. Los zapatos •   • e. moderno.

2.5.

a. Esta es la habitación de Hiro. Haz una lista con las cosas que hay. Sigue el ejemplo.
Ejemplo: *1. Hay una almohada.*

_____
_____
_____
_____
_____
_____
_____

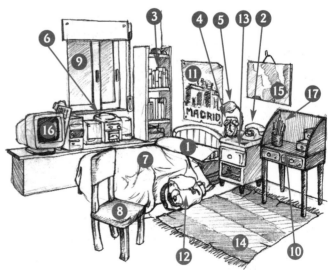

b. Ahora, con tu compañero, practica como en el ejemplo.
Ejemplo: *–¿Dónde está la almohada?*
–Está encima de la cama.

2.6. Completa con *hay / está / están*.

a. La biblioteca _____ cerca de la escuela.

b. _____ dos carpetas encima de la mesa.

c. El salón de actos y el laboratorio _____ en la planta baja.

d. ▷ ¿_____ una sala de informática en tu escuela?
   ► Sí, _____ al lado del laboratorio.

e. ▷ ¿Sabes dónde _____ un cibercafé?
   ► Sí, _____ uno en la calle Lobero.

f. ¿Dónde _____ las gafas de Amalia?

g. El baño _____ entre el salón y el dormitorio.

h. En la clase _____ muchas sillas.

i. Mis hermanas _____ en clase.

2.7.

a. ¿Qué palabra es? Escribe las letras en el orden correcto.

1. ANETAVN	2. SESARITV	3. ADCHU	4. ALSILS	5. NSLÓA

6. NIAOCC	7. ÓLNILS	8. JEOSPE	9. RDOUAC	10. ÁMAPALR

b. Completa las frases con las palabras anteriores.

1. Siempre comemos en el _____.

2. Hay una _____ encima de la mesita.

3. Los platos y los vasos están en la _____.

4. Las _____ están dentro de la cajonera.

5. Hay un _____ de Picasso en la pared.

6. Por la mañana me miro en el _____.

7. ¿Por qué abres la _____?

8. Las _____ están alrededor de la mesa.

9. En el salón hay un sofá y un _____.

10. La _____ está en el baño.

2.8. Escribe las terminaciones en su lugar.

-as   -imos   -e   -áis   -en   -éis   -o   -es   -a   -emos

	ESCUCHAR	COMER	VIVIR
Yo	escuch-	com-o	viv-o
Tú	escuch-	com-es	viv-
Él / ella / usted	escuch-	com-	viv-e
Nosotros, -as	escuch-amos	com-	viv-
Vosotros, -as	escuch-	com-	viv-ís
Ellos, -as, ustedes	escuch-an	com-en	viv-

2.9. Escribe los verbos en presente.

a. (Nosotros, escribir) .... una redacción sobre las vacaciones.

b. Marta (tirar) .... los papeles a la papelera.

c. Yo (beber) .... un refresco con mis amigos.

d. ¿(Tú, escuchar) .... con atención a la profesora?

e. El profesor (borrar) .... la pizarra.

f. (Vosotros, mirar) .... la escultura de Botero.

g. Rebeca (meter) .... los bolígrafos en el estuche.

h. Marcos y Rebeca (buscar) .... palabras en el diccionario.

i. ¿(Tú, abrir) .... la ventana, por favor? Tengo calor.

j. (Nosotros, leer) .... un libro de poesía.

2.10. ¿De quién o de qué hablan los verbos? Completa las frases.

El ordenador   Charo y yo   Tú

Tú y Paula   Yo   Ana M.ª y Mariví

Javier   Hiro y Yasushi   Mi casa

Ejemplo: *Está encima de la mesa.*
El ordenador.

a. Tiene cuatro habitaciones.

b. Lee el periódico por la noche.

c. Siempre comen en la escuela.

d. ¿Dónde vives?

e. Son japoneses.

f. Comemos a las dos y cenamos a las nueve.

g. Escribo con un bolígrafo azul.

h. Veis la televisión en el salón.

2.11.

a. Completa el crucigrama y descubre la palabra secreta.

1. Primera persona del plural del verbo **fotocopiar**.
2. Segunda persona del singular del verbo **imprimir**.
3. Tercera persona del plural del verbo **bailar**.
4. Segunda persona del singular del verbo **ganar**.
5. Primera persona del plural del verbo **pilotar**.
6. Tercera persona del singular del verbo **borrar**.
7. Segunda persona del plural del verbo **cocinar**.
8. Tercera persona del plural del verbo **sufrir**.
9. Segunda persona del plural del verbo **vivir**.
10. Tercera persona del singular del verbo **multiplicar**.
11. Primera persona del singular del verbo **cantar**.

La palabra secreta es _____.

b. Completa las frases con los verbos anteriores.

1. Vosotros _____ comida japonesa.
2. Moisés y Carmen _____ sevillanas muy bien.
3. (Tú) _____ el trabajo de Historia.
4. (Yo) _____ siempre en la ducha.
5. Álvaro _____ en la clase de matemáticas.
6. Pedro y yo _____ unos aviones rápidos y modernos.
7. (Nosotras) _____ los textos para estudiar en casa.
8. (Tú) Siempre _____ al parchís.
9. ¿(Vosotros) _____ en una casa antigua?
10. Rosa _____ el ejercicio porque está mal.
11. Charo y Fran _____ cuando pierde el Fútbol Club Barcelona.

2.12. Completa los diálogos con la forma correcta de los verbos y marca *formal* o *informal*.

a.
➡ Hola, ¿cómo (llamarse, tú) ....?
⇨ (Llamarse) .... Sergio, ¿y tú?
➡ José M.ª

FORMAL [ ]   INFORMAL [ ]

b.
➡ Perdone, ¿de dónde (ser, usted) ....?
⇨ (Ser) .... de Portugal.

FORMAL [ ]   INFORMAL [ ]

c.
➡ Yo (vivir) .... en Barcelona, y usted ¿dónde (vivir) ....?
⇨ (Vivir) .... en Madrid.

FORMAL [ ]   INFORMAL [ ]

d.
➡ ¿Qué idiomas (estudiar, tú) ....?
⇨ (Estudiar) .... español e inglés.

FORMAL [ ]   INFORMAL [ ]

2.13. Corrige las frases incorrectas.

a. Los bolígrafos escribe bien.
_____

b. Los árboles son verde.
_____

c. Mi clase es grande.
_____

d. Leemos un libro en clase.
_____

e. La profesora corrigen los ejercicios.
_____

f. El armario hay al lado de la puerta.
_____

g. La pizarra es blanco.
_____

h. La sofá es grande y azul.
_____

i. Los libros está en la estantería.
_____

j. Tú hablas español con tus compañeros.
_____

2.14.

a. Lee el texto y marca cuál es la casa de Mariam.

Esta es mi casa. Es una casa pequeña y está en Valencia. Cuando entro, hay un recibidor y un pasillo corto. En el pasillo, a la derecha, está la cocina que también es pequeña. Hay dos dormitorios, un baño, un salón y un comedor. En el salón hay un sofá azul muy grande y cómodo, una televisión y una estantería con libros y películas. El comedor es grande y en el centro hay una mesa con seis sillas alrededor; también hay un mueble con cajones. Encima del mueble hay un reloj, un equipo de música y un jarrón con flores. En la pared hay un espejo. En mi habitación hay dos camas, un armario, un escritorio y una mesa para el ordenador. Y lo mejor es que mi casa está cerca del instituto.

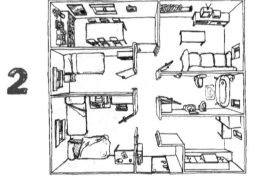

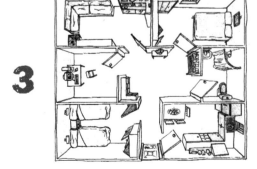

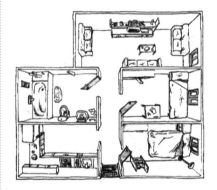

b. Marca verdadero o falso.

	V	F
1. En la casa de Mariam hay tres habitaciones.		
2. Hay un recibidor y un pasillo corto.		
3. La cocina está a la izquierda del pasillo.		
4. El sofá es azul y pequeño.		
5. Los libros están en la estantería del salón.		
6. El instituto está cerca de su casa.		

c. Vuelve a leer el texto y completa el diálogo.

Ana: Hola Mariam, ¿qué tal?

Mariam: Hola, muy bien ¿y tú?

Ana: También, gracias. Oye, ¿dónde vives?

Mariam: Vivo en ....

Ana: ¿Cómo es tu casa?

Mariam: Es una casa ....

Ana: ¿Cuántos dormitorios tiene?

Mariam: Tiene ....

Ana: ¿Dónde está la cocina?

Mariam: ....

Ana: ¿Qué hay en el salón?

Mariam: ....

....

Ana: ¿Cómo es el sofá?

Mariam: ....

Ana: ¿Dónde está el ordenador?

Mariam: ....

Ana: ¿Cómo es el comedor?

Mariam: ....

Ana: ¿Cuántas sillas hay en el comedor?

Mariam: ....

Ana: ¿Dónde está el instituto?

Mariam: ....

Ana: Muchas gracias, Mariam.

d. Ahora escribe cómo es tu casa.

_____
_____
_____
_____
_____
_____
_____
_____
_____
_____
_____
_____
_____
_____
_____
_____
_____
_____
_____
_____
_____
_____
_____

2.15. Ordena las siguientes frases.

a. pequeña/ es/ casa/ Mi/ pero/ céntrica.

b. colegio./ el/ en/ estudiamos/ días/ matemáticas/ Todos/ los

c. ¿/ Cómo/ llama/ se/ usted/ ?

d. instituto/ barrio/ mi/ al/ En/ hay/ está/ lado/ panadería./ un/ de/ la/ que

e. sillas/ comedor/ Las/ del/ alrededor/ de/ están/ mesa./ la

3.1. Observa el árbol genealógico de estas familias, lee las pistas y completa los nombres que faltan.

Familia García

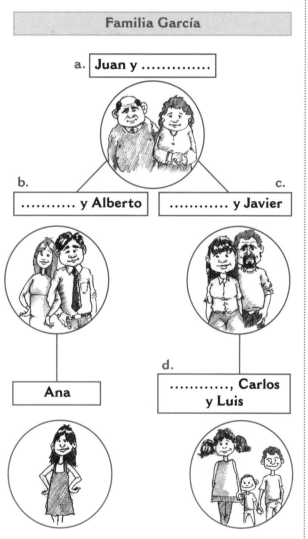

a. | Juan y ....

b. | .... y Alberto

c. | .... y Javier

| Ana

d. | ...., Carlos y Luis

Pistas

- Alberto es el hermano de Cristina.
- Ana María y Juan son los padres de Alberto.
- María es la tía de Carlos, Silvia y Luis.
- Ana es sobrina de Javier y Cristina.

Familia González

a. | .... y Pepe

b. | .... y Julio

c. | Ricardo y ....

d. | Carlos y ....

| Alba y Adrián

Pistas

- Pepe es el marido de Pepa.
- Ricardo es el padre de Adrián y Adrián es el primo de Juan.
- Julio y Sonia están casados y tienen dos hijos.
- Carlos y Juan son los sobrinos de Olga.

3.2. **Relaciona las columnas.**

1. cuñada •	• a.	el hijo de mi padre
2. sobrino •	• b.	el padre de mi madre
3. hermano •	• c.	la mujer de mi hermano
4. abuelo •	• d.	la hermana de mi madre
5. tía •	• e.	el hijo de mi hermano

3.3. **Ordena los siguientes parentescos y escribe cómo se llaman en tu familia.**

Ejemplo: *a e r d m (madre)*
Mi madre se llama Ana.

a. o s í t

b. b o e a u l s

c. m p o i r s

d. m a e s h o r n

3.4. **Escribe los adjetivos posesivos que faltan.**

Me llamo María. Tengo 14 años y vivo en Cadaqués con _____ familia. _____ familia es numerosa. Tengo tres hermanas y dos hermanos. _____ hermanas se llaman Ana, Alicia, y Alba y _____ hermanos Alberto y Antonio. _____ nombres empiezan todos por A. _____ padres trabajan en Gerona, por esos nosotros comemos todos los días con mis abuelos. Ellos viven muy cerca de _____ casa. _____ casa es muy grande y tiene un jardín muy bonito.

3.5. **Señala la forma adecuada.**

a. *Mi / mía* casa es muy grande.
b. Ana es muy simpática. *Su / suya* hermana es la compañera de clase de *mi / mío* hermano.
c. ►¿De quién es este libro?
   ▷ Es *mi / mío*.
   ► No, no es verdad. No es *tu / tuyo*. Es *su / suyo*.
d. *Tu / tuyo* coche es rojo pero el *mi / mío* es blanco.

3.6. **Relaciona las columnas.**

1. Tu hermano es alto. •	• a.	El nuestro es naranja.
2. Mis amigos son rubios. •	• b.	El suyo es muy feo.
3. Nuestra familia es muy grande. •	• c.	Los tuyos son morenos.
4. Vuestro coche es rojo. •	• d.	El mío es bajo.
5. Mi abrigo es muy bonito. •	• e.	La vuestra es muy pequeña.

3.7. **Completa los cuadros.**

	SER
Yo	
Tú	
Él / ella / usted	
Nosotros, -as	
Vosotros, -as	
Ellos, -as, ustedes	son

	TENER
Yo	
Tú	tienes
Él / ella / usted	
Nosotros, -as	
Vosotros, -as	
Ellos, -as, ustedes	

	LLEVAR
Yo	
Tú	
Él / ella / usted	
Nosotros, -as	
Vosotros, -as	lleváis
Ellos, -as, ustedes	

3.8. Completa las frases con el verbo adecuado utilizando los verbos de 3.7.

a. Mi padre .... muy guapo. .... los ojos verdes y .... muy moreno.

b. Juan .... siempre una camisa negra.

c. Yo .... dieciséis años.

d. Ana y Adriana .... muy simpáticas.

e. El señor Antonio .... una barba muy blanca.

f. El hermano de Juan .... mi compañero de clase.

3.9. Relaciona los verbos con los adjetivos.

delgado   gafas
alto   pelo largo   serio
simpático   abrigo rojo
rubia   pantalón verde
ojos azules

ser   tener
llevar

Ser:

Tener:

Llevar:

3.10. Observa el dibujo y descríbelo.

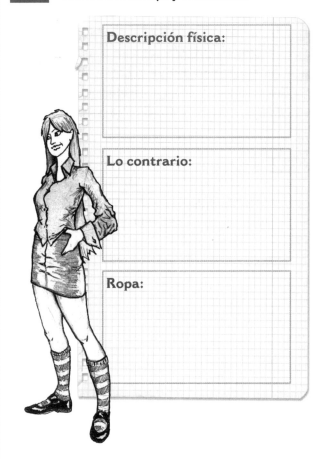

Descripción física:

Lo contrario:

Ropa:

3.11. Relaciona los siguientes adjetivos de carácter con las definiciones y escribe su contrario.

1. Simpático. •
2. Tranquilo. •
3. Hablador. •
4. Trabajador. •
5. Triste. •

• a. Hace las cosas con calma.
• b. No le gusta el silencio.
• c. Su estado de ánimo es melancólico.
• d. Se esfuerza mucho.
• e. Sonríe mucho y es muy agradable.

Contrarios:

Ejemplo: *simpático* ➔ *antipático*

3.12. Busca cuatro palabras relacionadas con la ropa, el carácter, el aspecto físico y la familia. Forma una frase con cada una de ellas.

C	A	P	P	R	B	A	B
A	H	C	E	M	A	L	D
P	B	A	J	A	R	E	A
R	D	E	Q	E	F	G	R
I	F	G	A	U	H	R	S
M	E	T	R	A	E	E	M
A	R	B	E	D	F	T	B
B	E	S	A	T	G	E	A

a. Ropa:

b. Carácter:

c. Aspecto físico:

d. Familia:

3.13. Adivina, adivinanza.

a. Empieza por A. Prenda de vestir que nos ponemos en invierno.
b. Empieza por B. Pelo que tienen muchos hombres en el labio superior.
c. Empieza por F. Prenda de vestir que usan las mujeres.
d. Empieza por D. Le gustan las risas y la alegría.

a. _____
b. _____
c. _____
d. _____

a. Empieza por C. Es el marido de mi hermana.
b. Empieza por S. No sonríe mucho y es muy formal.
c. Empieza por T. Es una persona callada e introvertida.
d. Empieza por R. Lo contrario del pelo liso.

a. _____
b. _____
c. _____
d. _____

3.14. Fíjate en el siguiente diálogo en una tienda de ropa. Las secuencias están ordenadas pero las frases no. Ordénalas.

► días buenos, Hola
▷ días, Buenos ¿qué ayudarte en puedo?
► un para Quería mi abrigo madre
▷ ¿tiene Qué talla?
► una Creo que 40
▷ ¿color qué De?
► verde o rojo alegre, Un color
▷ ¿Este?
► gusta Este me ¿cuesta Cuánto?
▷ euros 150
► me llevo lo Perfecto,

► _____
▷ _____
► _____
▷ _____
► _____
▷ _____
► _____
▷ _____
► _____
▷ _____
► _____

3.15. Reacciona ante las siguientes situaciones.

Estás en una tienda de ropa:

Ejemplo:
¿Cómo saludas al dependiente?
Hola, buenos días/ buenas tardes.

a. Quieres comprar una camisa para hacer un regalo a un amigo. ¿Cómo lo pides?

b. No te gusta el color verde de la camisa. Pide otro color.

c. Quieres saber el precio de la camisa.

d. Agradécele al dependiente su atención y despídete.

3.16. Lee la siguiente postal.

Ciudad de México, 24 de octubre de 2007

Querido Alberto:

¿Cómo estás? Yo estoy muy bien. México es un país maravilloso para pasar unas largas vacaciones.

Vivo con una familia muy simpática y tengo dos amigos que se llaman María y Eduardo. Viven también en Ciudad de México. María es muy simpática y habladora. Eduardo es más callado pero también muy agradable. Los dos son muy morenos y tienen los ojos negros y el pelo muy oscuro. Yo soy la única chica rubia de la escuela.

Me acuerdo mucho de todos. Un beso y hasta pronto.

Silvia

Alberto García Núñez
c/ República Argentina n.° 25, 3.° B
08045 Barcelona
(España)

a. Contesta las siguientes preguntas.

1. ¿Dónde vive Silvia?

2. ¿Cómo se llaman los amigos de Silvia?

3. ¿Quién es el menos hablador de los amigos de Silvia?

4. ¿Cómo es Silvia físicamente?

5. ¿Cómo son María y Eduardo físicamente?

b. Di si es verdadero o falso.

	V	F
1. Silvia es una chica mexicana.		
2. Silvia y sus amigos viven en la misma ciudad.		
3. Silvia escribe a un amigo de España.		
4. Silvia vive en casa de sus amigos.		
5. María es muy callada.		

MÉXICO
CHITZEN ITZA

c. Busca en el texto.

1. La ciudad donde vive Alberto.

2. El contrario de rubio.

3. Una persona que no habla mucho.

4. La capital de México es...

5. Una persona que habla mucho.

6. El contrario de antipático.

4.1.

a. **Encuentra el nombre de seis medios de transporte. Escríbelos con el artículo *la* o *el*.**

trenautobúsbicicletaaviónbarcocochemetro

1. el tren	4. ....
2.	5. ....
3.	6. ....
7.	

b. **¿De qué medio de transporte hablamos?**

1. Vuela alto y rápido por todo el mundo. Tiene alas, pico y cola y no es un pájaro.

_____

2. Tiene ruedas pero no tiene motor. Tiene radio pero no la escuchamos.

_____

3. Hay en todas las ciudades. Es un servicio público. Lo esperamos en la parada. Tiene muchas ventanas.

_____

4. Sus caminos se llaman vías. Nos llevan rápido a otras ciudades. Paran en las estaciones.

_____

5. Tiene cuatro ruedas y un volante. Compramos el que más nos gusta. Tiene nombres diferentes: *Focus, Ibiza, Megane*, etc.

_____

6. Su volante es el timón. El de Jack Sparrow se llama *La Perla Negra*. Va por el agua.

_____

7. Se parece a un tren. Es más rápido que el autobús y también es un transporte público. Normalmente va por debajo de la tierra.

_____

4.2. **Escribe frases como en el ejemplo.**

Ejemplo: ➜ *(+) avión / rápido / coche*

➜ *El avión es más rápido que el coche.*

a. autobús / entretenido / metro

_____

b. ir en moto / seguro / ir en coche

_____

c. taxi / cómodo / coche

_____

d. metro / divertido / tren

_____

e. barco / lento / avión

_____

f. ir en tren / caro / ir a pie

_____

g. ir a pie / saludable / ir en bicicleta

_____

h. coche / ecológico / bicicleta

_____

i. bicicleta / limpia / moto

_____

j. avión / contaminante / metro

_____

4.3. Lee estos textos sobre *Legolas* y *Frodo* y completa las frases.

Me llamo Legolas y soy un elfo. Los elfos somos altos y delgados. Llevamos el pelo muy largo. Somos inteligentes y hablamos muchas lenguas. Nos acostamos muy tarde porque amamos la luz de las estrellas. Comemos poco y no necesitamos beber mucho. Vivimos eternamente. Somos buenos amigos de los hombres.

Me llamo Frodo y soy un hobbit. Los hobbits somos bajos, pero tenemos los pies muy grandes. Normalmente llevamos el pelo corto. Somos inteligentes pero solo hablamos la lengua de los hobbits. Nos acostamos pronto porque nos levantamos temprano para trabajar. Comemos mucho y nos encanta beber pintas de cerveza. Vivimos más o menos cien años. Somos buenos amigos de los hombres.

a. Los elfos son ☐ altos ☐ los hobbits.

b. Los elfos llevan el pelo ☐ largo ☐ los hobbits.

c. Los hobbits son ☐ inteligentes ☐ los elfos.

d. Los hobbits hablan ☐ lenguas ☐ los elfos.

e. Los hobbits tienen los pies ☐ grandes ☐ los elfos.

f. Los elfos comen ☐ ☐ los hobbits.

g. Los elfos se acuestan ☐ tarde ☐ que los hobbits.

h. Los hobbits viven ☐ ☐ los elfos.

i. Los elfos son ☐ buenos amigos de los hombres ☐ los hobbits.

4.4. Relaciona las dos columnas.

a. más + bueno, -a •	• **1.** menor
b. más + pequeños, -as •	• **2.** mejores
c. más + malo, -a •	• **3.** peores
d. más + malos, -as •	• **4.** peor
e. más + grandes •	• **5.** mayor
f. más + buenos, -as •	• **6.** menores
g. más + pequeño, -a •	• **7.** mejor
h. más + grande •	• **8.** mayores

4.5. Completa con los comparativos irregulares. Cuidado con la concordancia.

a. La película es .... que el libro. Prefiero el libro.

b. Mi hermano Joaquín tiene 20 años y mi hermano Fran tiene 18, yo tengo 14 años. Mis hermanos son .... que yo.

c. Mariam nace en 1993 y Rebeca en 1995. Mariam es .... que Rebeca.

d. Los hoteles *Oroplus* y *Platino* son de cuatro estrellas. El hotel *Pachanga* es de dos estrellas. Los hoteles *Oroplus* y *Platino* son .... que el hotel *Pachanga*.

e. Mariam tiene 14 años. Marcos y Rebeca tienen 11 años. Marcos y Rebeca son .... que Mariam.

f. Yo saco 8 en el examen de Lengua y Paula saca 10. Paula es .... que yo.

g. En tu ciudad los autobuses son más caros e impuntuales que en la mía. En tu ciudad son ....

h. Hoy es el cumpleaños de Cristina y Sergio. Sergio cumple 20 años y Cristina cumple 30. Sergio es .... que Cristina.

4.6. Escribe las formas del verbo IR en el lugar correcto.

va van vamos vas vais voy	
Yo	
Tú	
Él / ella / usted	
Nosotros, -as	
Vosotros, -as	
Ellos, -as, ustedes	

4.7. Completa las siguientes frases con IR EN o IR A.

a. Encarna .... bicicleta al trabajo.

b. Siempre (nosotros) .... la playa en verano.

c. ► ¿Cómo (tú) .... la escuela?

   ▷ .... autobús.

d. Normalmente (yo) .... trabajar en metro.

e. Pablo .... moto al trabajo.

f. Andrea y Miguel .... ir de vacaciones a Japón, ... avión.

g. ¿(Vosotros) .... cine este sábado?

h. ► Mis sobrinos .... pie a la escuela.

   ▷ Los míos .... coche.

4.8. Completa el cuadro.

	NECESITAR	QUERER	PREFERIR
Yo			prefiero
Tú	necesitas		
Él / ella / usted			prefiere
Nosotros, -as		queremos	
Vosotros, -as	necesitáis		
Ellos, -as, ustedes		quieren	

4.9. Construye frases usando las siguientes palabras. Sigue el ejemplo.

Ejemplo:
Quiere peinarse. Necesita un peine.

Colgar	Casa	Viajar	Comprar	Martillo
Cocinar	Dinero	Guía	Dibujar	Sello
Peine	Cuadro	Fútbol	Carta	Enviar
Jugar	Balón	Lápiz	*Peinarse*	Sartén

a. Quiere .... a Túnez. Necesita una
....

b. [   ]

c. [   ]

d. [   ]

e. [   ]

f. [   ]

g. [   ]

4.10. Completa el texto con la forma verbal adecuada.

Frodo Bolsom (vivir) [   ] en la Comarca. Los hobbits de la Comarca (ser) [   ] un pueblo feliz. (Llevar) [   ] la ropa de colores brillantes y (preferir) [   ] el amarillo y el verde. No (necesitar, llevar) [   ] [   ] zapatos porque sus pies son grandes, duros y fuertes. Algunos hobbits (vivir) [   ] en cuevas, dentro de la montaña, pero la mayoría (preferir, vivir) [   ] [   ] en casas de madera. El

jardinero del pueblo (llamarse) [   ] Sam Gamyi. (Haber) [   ] una librería, los hobbits (leer) [   ] mucho. La oficina de correos (estar) [   ] en el centro del pueblo; solo hay un cartero porque los hobbits (escribir) [   ] pocas cartas. No (haber) [   ] farmacia porque nunca están enfermos y no hay medios de transporte porque siempre (ir) [   ] a pie o a caballo.

4.11.

a. **Marca verdadero o falso.**

	V	F
1. Los hobbits prefieren los colores amarillo y azul.		
2. Necesitan llevar zapatos.		
3. Algunos hobbits viven dentro de la montaña.		
4. No leen mucho.		
5. Hay un cartero y un jardinero.		
6. Escriben muchas cartas.		
7. Siempre van a pie o a caballo.		

b. **Contesta las siguientes preguntas.**

1. ¿Por qué no llevan zapatos los hobbits?
[   ]

2. ¿Cómo son sus casas?
[   ]

3. ¿Dónde está la oficina de correos?
[   ]

4. ¿Por qué no hay farmacia?
[   ]

a. **¿Te acuerdas de Hiro? Quiere ir al cine *Filmonix* y le pregunta a un señor, pero no entiende las instrucciones. Ayúdale. Lee el texto y sigue las direcciones en el plano.**

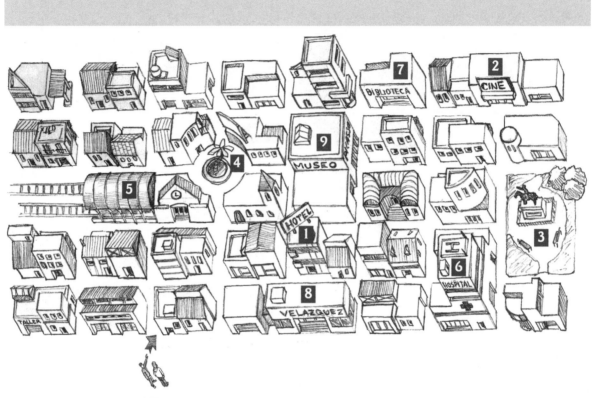

1. Hotel *Oroplus*. **2.** Cine *Filmonix*. **3.** Parque San Martín. **4.** Plaza de la Palmera.
5. Estación Central. **6.** Hospital. **7.** Biblioteca. **8.** Instituto *Velázquez*. **9.** Museo *Picasso*.

Sigues recto hasta el final y giras a la derecha, después, en la segunda calle giras a la derecha y en el hotel *Oroplus* giras a la izquierda. Sigues recto hasta el Hospital, giras a la izquierda y después a la derecha hasta el Parque San Martín. Giras a la izquierda y sigues todo recto hasta el final. Allí está el cine *Filmonix*.

b. Escribe cómo puede ir Hiro hasta la Biblioteca.

_____

_____

_____

_____

_____

_____

_____

_____

5.1. Relaciona las preguntas de Juan con los dibujos. Escribe debajo de ellas la respuesta y la hora.

Ejemplo: *1. d. La película empieza a las ocho y media de la tarde.*

1. ¿A qué hora empieza la película esta tarde?

2. ¿A qué hora cierra el supermercado?

3. ¿A qué hora abre la biblioteca?

4. ¿A qué hora es el concierto esta noche?

5. ¿A qué hora come la familia de Ana los sábados?

5.2. Observa el reloj número 1. Dibuja y escribe la hora en los otros relojes.

a. Media hora más que el reloj 1

b. Un cuarto de hora más que el reloj 2

Son las cuatro y media.

c. Veinte minutos más que el reloj 3

d. Diez minutos más que el reloj 4

e. Cinco minutos más que el reloj 5

5.3. Completa los siguientes cuadros.

a.

	TENER	IR	PEDIR	VENIR	OÍR
Yo			pido		
Tú					
Él, ella, usted				viene	
Nosotros, -as		vamos			
Vosotros, -as					oís
Ellos, -as, ustedes	tienen				

b.

	LEVANTARSE	DESPERTARSE	VESTIRSE	ACOSTARSE
Yo			me visto	
Tú				
Él, ella, usted	se levanta			
Nosotros, -as		nos despertamos		
Vosotros, -as				
Ellos, -as, ustedes				se acuestan

5.4. Relaciona las dos columnas.

1. Como •
2. Estudias •
3. Se acuesta •
4. Nos afeitamos •
5. Duermen •
6. Habláis •

• **a.** Él, ella, usted
• **b.** Yo
• **c.** Nosotros, -as
• **d.** Tú
• **e.** Ellos, -as, ustedes
• **f.** Vosotros, -as

5.5. Completa las frases con los siguientes verbos.

acostarse • desayunar • levantarse •
practicar • ducharse • poder • reírse •
haber • oír • hablar • salir • entrar •

a. Juan [_____] por las mañanas muy temprano.

b. En mi casa todos [_____] (nosotros) antes de desayunar.

c. Mi padre es una persona muy dinámica, [_____] siempre mucho deporte.

d. Yo [_____] siempre un zumo de naranja.

e. En tu casa [_____] (vosotros) muy tarde.

f. Sonia no [_____] llegar a casa después de las once de la noche.

g. Ana [_____] siempre la radio después de comer.

h. Los españoles [_____] muy alto y rápido.

i. (Yo) [_____] de casa todos los días a las ocho de la mañana.

j. Los niños [_____] mucho con los tebeos.

k. Ellos no estudian en su casa porque [_____] mucho ruido.

l. Nosotros [_____] en la escuela a las nueve de la mañana.

5.6. Relaciona.

1. A veces •
2. Casi nunca •
3. A menudo •
4. Siempre •
5. Muchas veces •

• **a.** Una vez al año.
• **b.** Todos los días de la semana.
• **c.** Una vez al mes.
• **d.** Todos los meses menos enero y febrero.
• **e.** Todos los días menos el lunes.

5.7. Observa los dibujos y describe las acciones.

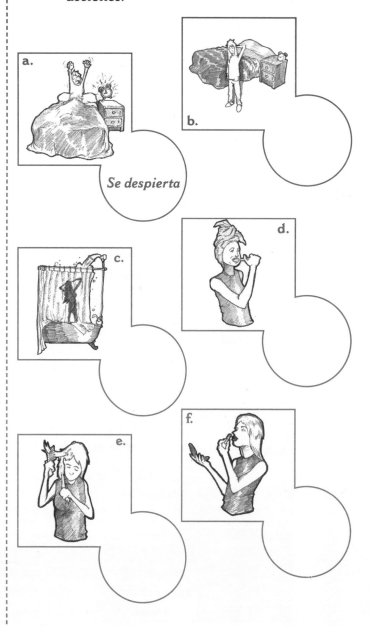

a. *Se despierta*

b.

c.

d.

e.

f.

5.8. Ordena las siguientes frases y conjuga los verbos en primera persona singular (empieza por los adverbios).

a. ir/ Casi/ al/ nunca/ cine

....

b. levantarse/ las/ Todos/ ocho/a /días /los

....

c. ver/ Siempre/ después/ la/ de/ televisión/ cenar

....

d. los/ Todos/ de/ una/ semana/ leer/ fines/ novela

....

e. A/ casa/ en/ comer/ mis/ veces/ abuelos/ de

....

f. fines/ deporte/ Todos/ practicar/ semana/ los/ de

....

g. ojos/ semana/ me/ fines/ Los/ pintar/ de/ los

....

h. Con/ cenar/ escuchar/ después/ frecuencia/ música/ de

....

....

i. a/ vez/ preparar/ semana/ pasta/ Una/ la

....

j. lavarse/ Después/ comida/ de/ dientes/ los/ cada

....

5.9. Busca dos días de la semana y tres meses del año.

PISTAS

a. El primer día de la semana: _____

b. Un día laborable. Contiene "r": _____

c. Un mes del año muy frío: _____

d. Un mes del año. Su última letra "l": _____

e. Un mes del año. Tiene cinco letras incluida una "o": _____

B	C	A	B	E	F
E	L	U	N	E	S
N	L	D	M	B	E
E	I	D	A	L	T
R	R	G	R	M	R
O	B	L	Z	O	A
A	A	A	O	S	M
D	I	O	L	A	H

5.10. Aquí tienes cinco palabras que describen el carácter de los españoles. Complétalas y relaciónalas con sus definiciones.

1. _ O _ P _ _ A _ A _ _ _ _ S

2. S _ _ _ _ E _ O _

3. _ I _ _ Á _ I C _ _

4. H _ _ L _ _ _ _ R E _

5. _ R _ _ _ Q _ _ L _ S

DEFINICIONES

a. Siempre dicen lo que piensan.
b. Se toman la vida con calma.
c. Nos hacen sentir como en nuestra casa.
d. Agradables y amables.
e. Son abiertos y comunicativos.

5.11. Observa el horario de clase de Juan.

	LUNES	MARTES	MIÉRCOLES	JUEVES	VIERNES
9.00	Matemáticas	Inglés	Matemáticas	Historia	Lengua
10.00	Inglés	Música	Geografía	Educación Física	Francés / Alemán*
11.00	Lengua	Literatura	Lengua	Música	Matemáticas
12.00	RECREO				
12.30	Educación Física	Dibujo Artístico	Literatura	Matemáticas	Inglés
13.30	Francés / Alemán*	Geografía	Dibujo Artístico	Literatura	Literatura
14.30	Historia	Ciencias Naturales	Historia	Ciencias Naturales	Ciencias Naturales

* El estudiante puede escoger el idioma

a. **Responde las preguntas.**

1. ¿A qué hora empiezan las clases todos los días?

2. ¿Cuántas horas a la semana tiene Juan clases de Lengua?

3. ¿Qué días de la semana tiene Juan clases de Inglés?

4. ¿A qué hora tiene clases de Ciencias Naturales los viernes?

5. ¿Cuánto tiempo duran las clases?

b. **Verdadero o falso.**

	V	F
1. Las clases terminan todos los días a las 15.15.		
2. Los lunes Juan no tiene clases de Lengua.		
3. Juan tiene Literatura cuatro horas a la semana.		
4. Juan puede elegir entre Inglés o Alemán		
5. Juan tiene clases de Inglés todos los días menos el miércoles y jueves.		

c. **Relaciona.**

1. Matemáticas •	• a. Conoces a los escritores y poetas.
2. Educación Física •	• b. Aprendes las notas musicales.
3. Literatura •	• c. Sitúas las ciudades y los países en un mapa.
4. Geografía •	• d. Aprendes a sumar, restar, multiplicar…
5. Música •	• e. Aprendes a ser más flexible y mantenerte en forma.

5.12. **Vamos a conocer un poco más a Juan. Escoge el mayor número de palabras y escribe una pequeña redacción sobre Juan.**

¿CUÁNDO?
Fines de semana
Durante la semana
A las 15.30
Después de las 23.00
Temprano
Tarde

¿CON QUÉ FRECUENCIA?
Siempre
A veces
Con frecuencia
Todos los días

ACCIONES
Levantarse
Acostarse
Comer
Estudiar
Hablar
Practicar
Leer
Ir
Ser

PALABRAS DE ENLACE
Y
Pero
También

CARACTERÍSTICAS
Extrovertido
Dinámico
Agradable

ACTIVIDADES
Novela
Con amigos
Música rock
Deportes de riesgo
Cine
Teatro
Concierto

Redacción:

5.13. Juan quiere quedar este sábado con María pero no sabe cómo preguntárselo. Observa las siguientes fotos y ayuda a Juan.

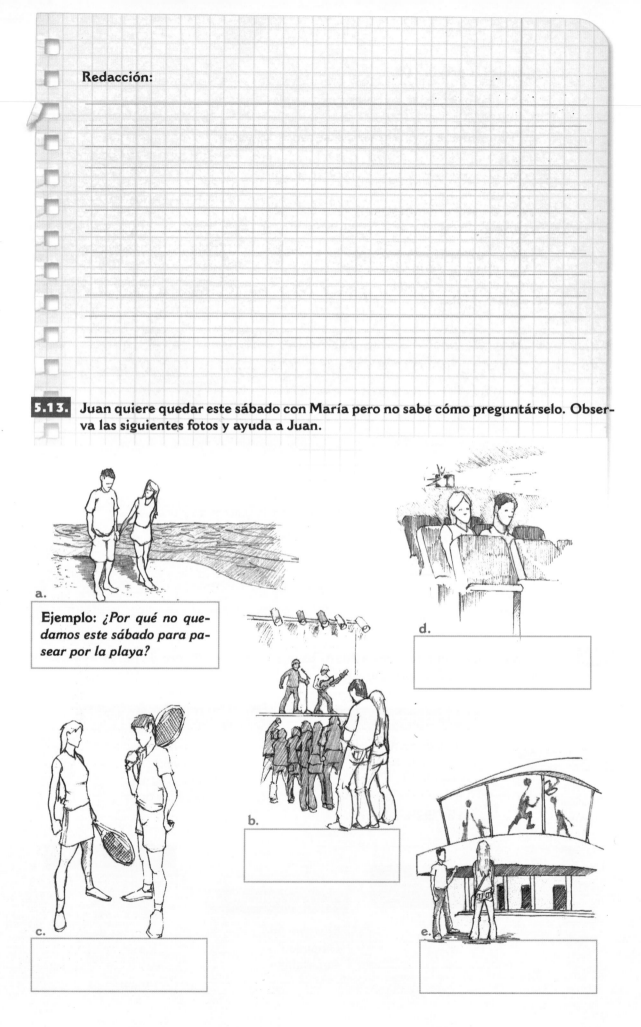

a.

Ejemplo: *¿Por qué no quedamos este sábado para pasear por la playa?*

d.

b.

c.

e.

6.1. Relaciona las etiquetas y encuentra diferentes actividades de ocio.

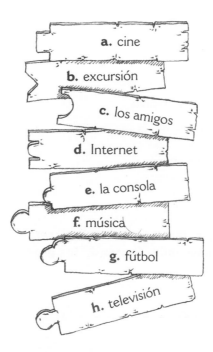

6.2. Ordena los pronombres propios de los verbos *gustar* y *encantar*.

nos os te
me les le

a mí	☐	a nosotros, a nosotras	☐
a ti	☐	a vosotros, a vosotras	☐
a él, a ella, a usted	☐	a ellos, a ellas, a ustedes	☐

6.3. Escribe las formas de los verbos *gustar* y *encantar*.

	GUSTAR	ENCANTAR
Me		
Te		
Le		
Nos		
Os		
Les		

6.4. *¿Gusta o gustan?* Escribe la forma correcta.

a. A Marc le .... la pasta italiana.

b. A Carmen y a Javier les .... conectarse a Internet.

c. Nos .... las películas de ciencia ficción.

d. ▷ ¿Te .... patinar sobre hielo?
▶ Sí, me .... mucho.

e. ▷ ¿Os .... las motos?
▶ No, no nos ....

f. Me .... las mandarinas.

g. A nosotras nos .... el cine.

h. Me .... el verano.

6.5. Completa las frases con la forma verbal adecuada. Recuerda los pronombres.

a. A Elisa (encantar) .... estudiar informática.

b. A mis amigos y a mí (gustar) .... mucho ir al cine.

c. ▷ ¿(A ti, gustar) .... las matemáticas?
▶ Sí, (encantar) ....

d. A mis padres (encantar) .... viajar.

e. ▷ ¿(A vosotros, gustar) .... ver la televisión?
▶ No, no (gustar) ....

f. A Jordi (encantar) .... comer con sus amigos.

g. (A mí, gustar) .... muchísimo las novelas de aventuras.

h. A ti (encantar) .... los pasteles, pero a mí no (gustar) .... nada.

6.6. Este es Hiro y sus amigos, Carolina y Francis. Escribe las cosas que les gustan o no. Utiliza las siguientes palabras.

la fruta	las matemáticas
viajar en tren	los huevos fritos
el baloncesto	los bocadillos
los gatos	conectarse a Internet
las chuches	la playa
los helados	pintar
escuchar música	madrugar

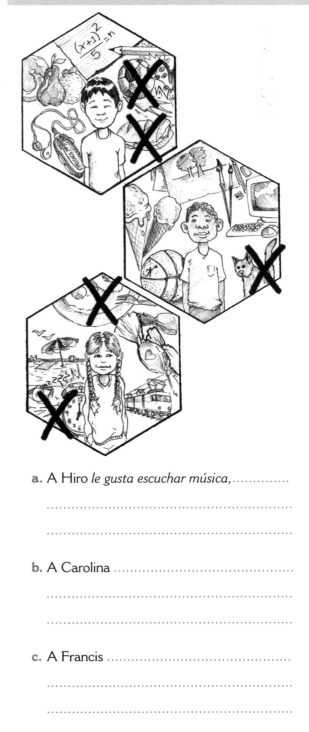

a. A Hiro *le gusta escuchar música,*..............
....
....

b. A Carolina ....
....
....

c. A Francis ....
....
....

6.7. ¿Dónde están las vocales? Escríbelas y averigua las partes del cuerpo que se mencionan.

a. _ j _ s	**f.** p _ _ rn _
b. tr _ p _	**g.** n _ r _ z
c. _ sp _ ld _	**h.** br _ z _
d. p _ _ s	**i.** c _ l _
e. c _ b _ z _	**j.** _ r _ j _
k. m _ n _ s	
l. b _ c _	
m. p _ ch _	
n. d _ d _ s	
ñ. r _ d _ ll _	

6.8. Clasifica las siguientes palabras en la columna correcta.

resfriado	los oídos
los ojos	gripe
la tripa	la cabeza
los pies	enfermo
mareado	la rodilla
tos	la espalda
las piernas	dolor de estómago
cansado	fiebre

Me duele	Me duelen	Tengo	Estoy
			resfriado

6.9.

a. Completa el diálogo con las palabras del cuadro.

dolor	aspirina
tiene	tos
el viernes	vuelvo
le duele	también
jarabe	doctor
estoy	medicamentos
fiebre	

Doctor: Buenos días, señor Morales.

Sr. Morales: Buenos días, [ ].

Doctor: ¿Qué le pasa?

Sr. Morales: [ ] un poco resfriado, además tengo mucha [ ].

Doctor: ¿[ ] la cabeza?

Sr. Morales: Sí, y también tengo [ ] de garganta.

Doctor: Voy a ponerle el termómetro para ver si tiene [ ]. ¿Toma [ ]?

Sr. Morales: Tomo una [ ] cada día.

Doctor: Bien. [ ] un poco de fiebre y la garganta inflamada. Voy a recetarle antibióticos y [ ] para la tos.

Sr. Morales: Muy bien, doctor.

Doctor: [ ] tiene que tomar vitamina C, es buena para curar el resfriado.

Sr. Morales: ¿Y cuándo [ ]?

Doctor: El viernes.

Sr. Morales: Pues, hasta [ ].

b. Contesta las preguntas.

1. ¿Cómo se llama el paciente?

[ ]

2. ¿Qué le pasa?

[ ]

3. ¿Tiene fiebre?

[ ]

4. ¿Toma medicamentos?

5. ¿Qué le receta el doctor?

6. ¿Cuándo tiene que volver el paciente?

_____

_____

_____

_____

_____

6.11. Adivina, adivinanza. Relaciona cada adivinanza con su comida.

6.10.

a. Completa con los verbos en segunda persona del singular. Puedes buscar las palabras desconocidas en el diccionario.

La tortilla

(Cascar) .... los huevos y los (echar) ....
en un plato hondo. (Batir) .... los huevos.
(Poner) .... un poco de aceite en una sartén. (Calentar) .... el aceite y (echar)
.... los huevos batidos. (Hacer) .... la
tortilla. (Servir) .... la tortilla en un plato
con rebanadas de pan con tomate.

Batido de chocolate

(Poner) .... en un recipiente
medio litro de leche y tres bolas
de helado de chocolate. (Batir)
.... todo con la batidora.
(Echar) .... un poco de canela.
(Poner) .... en vasos y (rallar)
.... por encima un poco de chocolate blanco. (Servir) .... con una hoja de
menta y cubitos de hielo. ¡Mmmmmmm!
Buenísimo.

b. Escribe ahora la receta de tu comida favorita.

_____

_____

_____

_____

a
Oro parece,
plata no es,
el que no lo sepa
bien tonto es.

1

b
Tan pequeño
como una nuez,
sube al monte y
no tiene pies.

2

c
Blanco o moreno,
la gallina lo
pone, con aceite
se fríe y con pan
se come.

3

d
Blanca por dentro
verde por fuera.
Si quieres que te
lo diga, espera.

4

Unidad 7

7.1. Relaciona las frases con las viñetas y escribe debajo de ellas el nombre de la tienda donde se realiza la acción.

 1

 2

 3

 4

a. ¡Qué bien huele!

....

b. Estas manzanas son riquísimas.

....

c. Quiero leer una novela de aventuras.

....

d. ¡Su último disco es el mejor!

....

7.2. Escribe las palabras debajo de la columna correspondiente.

Tienda de deportes	Librería / Papelería	Frutería

Droguería / Perfumería	Tienda de muebles

Estantería, cuaderno, raqueta, colonia, barra de labios, manzanas, pluma, camiseta, escritorio, melón, flexo, sandía, cepillo, tebeo, tomates, calcetines, crema, cuadros, sudadera, mapamundi.

7.3. Ordena las letras de las siguientes palabras; las tres primeras son productos que puedes comprar en un supermercado y las otras tres están relacionadas con el mundo de la música.

a. zacúra: _____

b. elceh: _____

c. tecohocal: _____

d. cenociotr: _____

e. anccóin: _____

f. tancaten: _____

7.4. Señala cuáles de los siguientes pronombres y adjetivos indefinidos se refieren solo a personas, solo a cosas o a ambos.

algo • nadie • alguno • algún • nada • alguien • ninguno • ninguna • algunos • algunas • ningún • alguna

☺ [_____]

[_____] ○

○ [_____] ☺

7.5. Señala y corrige cuatro errores relacionados con el mal uso de los adjetivos y pronombres indefinidos.

► Buenos días, ¿querías algo?
▷ Buenos días. Sí, quería comprar alguno regalo para mi familia.
► ¿Qué tipo de regalos exactamente?
▷ Pues creo que para mis padres alguno perfume. Para mi madre algún suave y para mi padre más intenso.
► ¡Uy! Este es demasiado fuerte, ¿tienes alguno más suave?
▷ No, ninguno; lo siento.
► Bueno, me lo llevo igual. A mí no me gustan, así que seguro que a ellos les encantan.
▷ ¿Y para tus hermanos? ¿También perfumes?

► No, para mis hermanos creo que no les voy a regalar algo.
▷ ¡Ah!, vale.
► ¿Cuánto es?
▷ Son 75 euros.
► Pues aquí tiene, muchas gracias.

_____
_____
_____
_____

7.6. Completa las siguientes frases usando *algún, alguno, alguna, algunos, algunas, algo* + sustantivo. Guíate con los dibujos.

a.

[_____] de la guardería de Ana están enfermos.

b.

[_____] están demasiado verdes y pueden hacerte daño.

c.

Juan viaja esta tarde en [_____] de este aeropuerto.

d.

Tenemos [_____] en la caja.

e.

¿Hay [_____] en la nevera?

Sí, creo que hay [_____].

f.

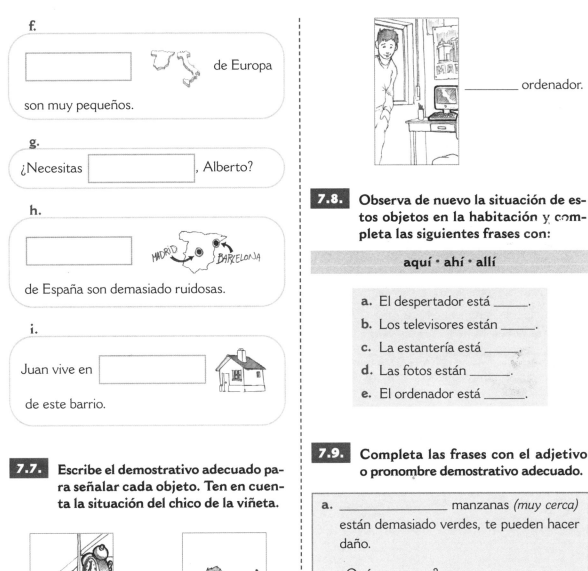

de Europa son muy pequeños.

g.

¿Necesitas _____, Alberto?

h.

de España son demasiado ruidosas.

i.

Juan vive en _____ de este barrio.

_____ ordenador.

7.7. Escribe el demostrativo adecuado para señalar cada objeto. Ten en cuenta la situación del chico de la viñeta.

_____ despertador.

_____ televisores.

_____ estantería.

_____ fotos.

7.8. Observa de nuevo la situación de estos objetos en la habitación y completa las siguientes frases con:

aquí · ahí · allí

a. El despertador está _____.

b. Los televisores están _____.

c. La estantería está _____.

d. Las fotos están _____.

e. El ordenador está _____.

7.9. Completa las frases con el adjetivo o pronombre demostrativo adecuado.

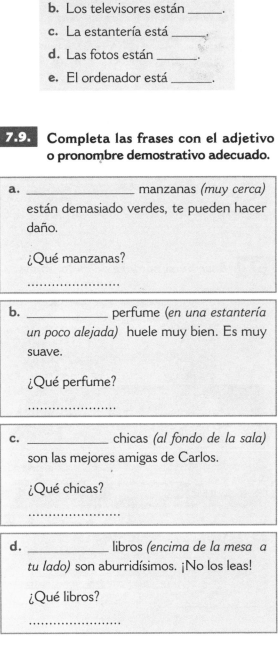

a. _____ manzanas *(muy cerca)* están demasiado verdes, te pueden hacer daño.

¿Qué manzanas?

....

b. _____ perfume *(en una estantería un poco alejada)* huele muy bien. Es muy suave.

¿Qué perfume?

....

c. _____ chicas *(al fondo de la sala)* son las mejores amigas de Carlos.

¿Qué chicas?

....

d. _____ libros *(encima de la mesa a tu lado)* son aburridísimos. ¡No los leas!

¿Qué libros?

....

7.10. Relaciona las frases con los dibujos y complétalas con el pronombre objeto directo *(lo, los, la, las)* correspondiente.

a. ☐ usamos en la montaña para orientarnos.

b. ☐ utilizamos para transportarnos y nos ayudan a mantenernos en forma.

c. ☐ leemos en muchos sitios: en el metro, en el coche, en casa, en el jardín… Son dibujos animados en papel.

d. ☐ consultamos cuando estamos despistados y no sabemos qué día es hoy.

7.11. Busca en la siguiente sopa de letras los siguientes objetos y explica su utilidad.

a. Un objeto que podemos encontrar en una cocina.

b. Un artículo que podemos encontrar en una perfumería.

c. Un objeto que podemos encontrar en una tienda de ropa.

d. Un objeto que podemos encontrar en una tienda de música.

e. Un objeto que podemos comprar en una tienda de complementos.

T	G	E	I	C	B	A
P	A	R	E	O	A	M
I	B	Z	D	L	L	B
A	R	S	A	O	A	G
N	I	T	E	N	N	E
O	G	A	M	I	A	B
C	O	L	L	A	R	M

a. Es una _____
y sirve para _____

b. Es una _____
y sirve para _____

c. Es un _____
y sirve para _____

d. Es un _____
y sirve para _____

e. Es un _____
y sirve para _____

7.12. Escribe el nombre de cada objeto y relaciónalos con las frases correspondientes.

a. Es para comer sopa. ☐

b. Es para limpiarnos después de comer. ☐

c. Es para beber agua, zumos… ☐

d. Es para beber leche, té, café… ☐

e. Es para no ensuciar la mesa con alimentos. ☐

f. Es para cortar el pan, la carne… ☐

g. Es para llevar los alimentos a la boca. ☐

h. Es para poner la comida. ☐

7.13.

a. Este fin de semana vas a ayudar a tu familia a redecorar el salón de vuestra casa. Estos son los muebles que habéis escogido, escribe en letra los precios.

1. El sofá cuesta _____
2. _____
   _____
3. _____
   _____
4. _____
   _____
5. _____
   _____
6. _____
   _____

b. Ahora vamos a escribir los precios anteriores al revés.

1. *El sofá no cuesta ochocientos cincuenta y dos euros (852); cuesta doscientos cincuenta y ocho (258).*
2. _____
   _____
   _____
3. _____
   _____
   _____
4. _____
   _____
   _____
5. _____
   _____
   _____

6. _____
   _____
   _____

7.14.

Esta noche vas a cocinar para tus amigos una tortilla de patatas y un gazpacho. Estos son los alimentos que tienes en casa, escribe su nombre debajo de ellos y señala cuáles te sirven para cocinarlos.

Tortilla de patatas

a.

b.

c.

d.

e.

f.

g.

h.

i.

j.

Gazpacho

a.

b.

c.

d.

e.

f.

g.

h.

i.

j.

k.

l.

7.15. **Esta es la carta que Nicole, una chica alemana, le escribe a su familia. Léela atentamente.**

Oviedo, 17 de febrero de 2007

¡Hola a los cuatro! ¿Cómo estáis?

Yo estoy muchísimo mejor que en mi última carta. Cada vez conozco a más gente y estoy más habituada a las costumbres y formas de vida españolas. Algunas son diferentes a las nuestras, otras en cambio, son prácticamente iguales. Por ejemplo, aquí los comercios abren a las 10 de la mañana y cierran a las dos, hacen una pausa para comer y a las 5 vuelven a abrir. Esto es muy extraño para mí, porque cuando salgo de clases a las dos de la tarde, no puedo ir a comprar casi nada porque está todo cerrado. La gente me dice que a esa hora tengo que comer, que tengo toda la tarde para ir a comprar. Claro, es que ellos llaman horas de comer a unas horas que para mí son horas de cualquier cosa menos comer. Cuando me presentan a alguien y me hablan de su trabajo, yo enseguida les pregunto cuánto ganan. Siempre me miran de una manera muy rara. Creo que a los españoles no les gustan estas preguntas y de verdad que yo se lo pregunto educadamente. Si son las ocho de la tarde y me encuentro a los vecinos en el portal, les digo "Buenas tardes" y siempre me responden "Buenas noches". ¡Ah! ¡Ahora lo entiendo! Los españoles responden a tu saludo con otro diferente, quizás para no repetirse tanto...

Bueno, pronto os escribo con más descubrimientos. Espero que estéis todos muy bien.

Os echo mucho de menos.

Un abrazo muy fuerte.

Nicole

a. Señala con verdadero (V) o falso (F):

	V	F
1. Nicole está más contenta en España que antes.		
2. Nicole vive en el centro de España.		
3. A Nicole le parece normal el horario de comida de los españoles.		
4. Muchos comercios en España cierran a las dos de la tarde; por eso los trabajadores pueden descansar toda la tarde.		
5. Los españoles reaccionan de forma extraña cuando Nicole les pregunta por su sueldo.		

b. Lee de nuevo el párrafo subrayado del texto. ¿Estás de acuerdo con la conclusión de Nicole? Justifica tu respuesta.

_____
_____
_____

8.1.

a. **Fuga de letras. Completa las palabras con las vocales y consonantes que faltan. Es léxico relacionado con el tiempo atmosférico.**

1. c_l_ r	5. n_be_
2. ll_v_a	6. _iev_
3. _ol	7. air_
4. f_í_	8. _re_co
9. t_rm_ _ta	
10. v_en_ _	
11. nub_ _do	
12. _lov_ _nd_	

b. **Clasifica las palabras anteriores en su columna correspondiente.**

HACE	HAY	ESTÁ

8.2. **Localiza en la sopa de letras los doce meses del año.**

```
F E N E R O X Z H O I U N
S E T H A D G K M I O Q S
B A B R I L W H Z A J E N
C G F R J E E R B U T C O
J O L L E M T O N N Y A V
U S F F R R L I O Ñ I P I
P T B R B Z O Z R A M A E
Q O V N M V Z C X B A H M
K M G R E V H Y G I Y J B
G J U L I O W H N U O T R
B N W T T O S Y P R X S E
Q M C F P X D I U C T U Q
D I C I E M B R E J E V Ñ
K Ñ P L S E Ñ K O D S D R
```

a. _____	b. _____	c. *marzo*
d. _____	e. _____	f. _____
g. _____	h. _____	i. _____
j. _____	k. _____	l. _____

8.3. **Escribe el gerundio de estos verbos. Atención, algunos son irregulares.**

a. comer	
b. oír	
c. hacer	
d. estudiar	
e. escuchar	
f. seguir	
g. mirar	
h. beber	
i. decir	

j. nevar		**m.** ir		**o.** hablar	
k. escribir		**n.** visitar		**p.** leer	
l. jugar		**ñ.** comprar		**q.** dormir	

8.4. ¿Qué están haciendo?

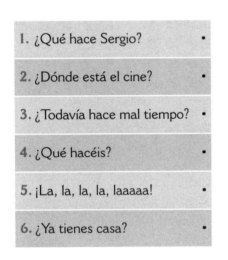

a. _____

b. _____

c. _____

d. _____

e. _____

f. _____

g. _____

h. _____

i. _____

8.5. Relaciona y transforma los verbos.

1. ¿Qué hace Sergio? •	• **a.** Sí, aún (seguir, llover) _____ .
2. ¿Dónde está el cine? •	• **b.** (Girar) _____ la siguiente calle a la izquierda.
3. ¿Todavía hace mal tiempo? •	• **c.** Yo (estar, poner) _____ la mesa y Sandra (seguir, estudiar) _____ .
4. ¿Qué hacéis? •	• **d.** (Estar, leer) _____ un libro.
5. ¡La, la, la, la, laaaaa! •	• **e.** No, (seguir, buscar) _____ .
6. ¿Ya tienes casa? •	• **f.** ¡Shhhh! Los niños (estar, dormir) _____ .

8.6.

a. ¿Qué palabra es? Escribe las letras en el orden correcto.

1. TMÑAANO	2. TNEEG	3. AJSOH	4. RRAOG

5. NPATSAL	6. AAIROUC	7. HCEEL	8. EIDNOR

b. Completa las frases con las palabras anteriores.

1. En mi balcón hay muchas _____.
2. Mike siempre lleva una _____ muy chula.
3. En ese _____ hay muchos peces.
4. Aquella _____ es muy alta.
5. En otoño los árboles pierden muchas _____.
6. En la caja fuerte de ese banco hay mucho _____.
7. A mi hermano le gusta mucho la _____.
8. A mucha _____ no le gustan las películas de terror.

8.7. Completa con *muy / mucho / mucho, -a, -os, -as.*

a. Estos ejercicios son _____ fáciles.
b. En la biblioteca de la escuela hay _____ libros.
c. ¡Ya son las 21h! Tengo _____ hambre.
d. Durante estas vacaciones quiero hacer _____ fotos.
e. A Margarita le gustan _____ las series de televisión.
f. En primavera hay _____ flores en el campo.
g. Tengo _____ frío, voy a poner la estufa.
h. Estoy leyendo una novela _____ interesante.

8.8.

a. **Esta es la agenda de Sonia. Redacta lo que va a hacer esta semana. Utiliza las perífrasis de futuro.**

LUNES	MARTES	MIÉRCOLES
Examen de Lengua.	Dentista.	Clase de piano.
JUEVES	**VIERNES**	**SÁBADO / DOMINGO**
Fiesta de cumpleaños de Marta.	Al teatro con la clase.	Fin de semana en la montaña con la familia.

El lunes va a _____
_____
_____
_____
_____
_____

b. Contesta las preguntas justificando tu respuesta.

1. ¿Puede Sonia ir el miércoles a estudiar a la biblioteca?

   No, es que...

2. ¿Puede merendar con sus amigos el martes?

3. Puede ir de compras con su madre el jueves?

4. ¿Puede salir el sábado con sus amigos?

8.9. **Hoy es sábado y Hiro tiene muchas cosas que hacer. Fíjate en el dibujo y escríbelas. Usa las siguientes palabras:**

estudiar · piscina · *cortar* · comprar · llamar · español · escribir · abuela · ir · habitación · ordenar · pan · e-mail · *césped*

a. *Tiene que cortar el césped.*
b. _____
c. _____
d. _____
e. _____
f. _____
g. _____

8.10. **Subraya la opción adecuada.**

a. Los médicos dicen que para estar en forma *tiene que / hay que* hacer ejercicio. Mañana voy al gimnasio.

b. Este fin de semana *tenemos que / hay que* estudiar para el examen del lunes.

c. En el metro *hay que / tienen que* dejar salir antes de entrar.

d. ¡Roberto! *Hay que / Tienes que* ordenar tu habitación.

e. Luisa y Juan *hay que / tienen que* cambiarse de casa.

f. El médico me dice que *tengo que / hay que* hacer ejercicio.

8.11.

a. **Hiro no sabe qué tiene que hacer para ser un estudiante modelo. Sus compañeros le han dicho varias cosas, pero está confundido. Lee las frases y clasifícalas.**

Tienes que llegar siempre tarde.
No hay que escuchar a la profesora.
Hay que estudiar mucho.
Hay que colaborar con los compañeros.
Tienes que comer en clase.
Tienes que hacer los deberes todos los días.

b. **Añade tres cosas más en cada columna.**

8.12.

a. **Lee el siguiente diálogo entre Nuria, Ismael y Ester. Subraya las expresiones para hacer sugerencias, aceptarlas o rechazarlas y completa el cuadro.**

Nuria: ¿Qué vamos a hacer este fin de semana?
Ismael: ¿Os apetece ir a la bolera? Hace tiempo que no vamos.
Nuria: No, a mí no me apetece. ¿Y a ti, Ester?
Ester: A mí tampoco. ¿Y si vamos a dar una vuelta?
Ismael: ¡Qué rollo! Siempre hacemos lo mismo.
Nuria: ¿Por qué no vamos al cine?
Ismael: Vale. ¿Y qué vemos?
Ester: Podemos ver *Piratas del Caribe 3* y después podemos ir a comernos un bocata.
Nuria: Yo prefiero solo cine, es que no tengo mucho dinero.
Ismael: Bueno, pues dejamos el bocata para otro día. ¿Queréis ir ahora al cibercafé?
Nuria: ¡Estupendo! Tengo que escribir varios e-mails.
Ester: Yo no puedo. Tengo que ir a buscar a mi hermana al colegio. Nos vemos mañana.
Ismael y Nuria: Hasta mañana.

Hacer sugerencias	Aceptar sugerencias	Rechazar sugerencias

b. **Contesta las preguntas.**

1. ¿Adónde quiere ir Ismael?
_____

2. ¿Qué sugiere Nuria?
_____

3. ¿Por qué no quiere Nuria ir a comer un bocata?
_____

4. ¿Adónde van después Ismael y Nuria?
_____

5. ¿Por qué no puede Ester ir al cibercafé?
_____

c. Inventa otro diálogo entre Nuria, Ismael y Ester. Ten en cuenta los siguientes datos:

	QUIERE	NO QUIERE	NO LE IMPORTA
Nuria	Dar una vuelta.	Meterse en un sitio cerrado.	Ir al parque o ir de tiendas.
Ismael	Distraerse un poco, jugando a la *Play* o viendo un DVD.	Gastar dinero.	Salir a la calle.
Ester	Su abuela le ha dado 20 euros y quiere salir a gastárselos.	Ir al parque.	Ir de tiendas.

8.13. En este crucigrama están todas las perífrasis que has aprendido en la unidad. Fíjate en las definiciones y resuélvelo.

HORIZONTALES

a. Expresa la intención o voluntad de hacer algo.

b. Expresa una obligación inexcusable o sirve para recomendar algo enfáticamente.

c. Expresa nuestros planes y proyectos en un futuro próximo o inmediato.

VERTICALES

d. Expresa la intención de hacer algo.

e. Expresa la obligación de hacer algo pero no es inexcusable. Sirve también para recomendar algo enfáticamente.

f. Expresa una obligación impersonal, generalizada.

8.14. Escribe, ahora, utilizando las perífrasis anteriores, cuáles son tus intenciones, planes, proyectos, obligaciones, etc. Tienes que escribir una frase con cada perífrasis.

a. _____

b. _____

c. _____

d. _____

e. _____

f. _____

9.1. Une los siguientes participios con su infinitivo y clasifícalos en la tabla.

hablado soñado tenido vivido abierto bailado comido reído visto cubierto escrito dicho venido bebido

a. soñar		**h.** venir	
b. escribir		**i.** vivir	
c. hablar		**j.** comer	
d. beber		**k.** tener	
e. cubrir		**l.** bailar	
f. ver		**m.** reír	
g. decir		**n.** abrir	

PARTICIPIOS REGULARES		
Terminaciones		
-ar	-er	-ir
	tenido	

PARTICIPIOS IRREGULARES
escrito

9.2.

a. Estos dibujos nos muestran las actividades que ha realizado Juan hoy. Completa lo que ves en pretérito perfecto.

1. *Hoy Juan se ha despertado a las siete y media de la mañana.*

2.

3.

4.

5.

6.

b. Juan ha hecho más cosas a partir de las 18.30. Describe las otras acciones ayudándote de las siguientes fotografías.

> ### Además Juan también...

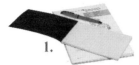

1.

| ... ha hecho los deberes. |

2.

3.

4.

5.

9.3. Busca cuatro marcadores temporales de pretérito perfecto y completa.

S	T	R	M	G	O
I	O	B	H	O	Y
E	D	A	A	M	A
M	A	C	M	E	S
P	V	N	S	D	R
R	I	U	T	L	H
E	A	N	O	E	O

a. Ningún día: _____.

b. Aún: _____.

c. Todos los días: _____.

d. El día en que estamos: _____.

9.4. En el siguiente texto Juan nos cuenta una historia extraña.

a. Complétalo con las formas correspondientes de pretérito perfecto.

> Este sábado _____ (ser) muy extraño para mí. _____ (levantarse) muy temprano. Mi despertador está estropeado y _____ (sonar) diez veces sobre las cuatro de la madrugada. No _____ (poder) apagarlo. Por eso, _____ (levantarse) muy enfadado. La falta de sueño y el enfado no me _____ (dejar) pensar y _____ (abrir) la ventana y lo _____ (tirar). Después _____ (irse) de nuevo a la cama muy tranquilo. Poco después el despertador _____ (volver) a sonar con la misma fuerza que antes. Lo _____ (buscar) por toda la habitación y no lo _____ (encontrado). No _____ (poder) dormir y _____ (pasar) todo el día con su horrible ruido en mi cabeza... ¿Piensas que me _____ (volver) loco?

b. Señala si las siguientes afirmaciones son verdaderas (V) o falsas (F).

	V	F
1. Juan no ha podido dormir en toda la noche.		
2. A Juan le ha sido imposible apagar el despertador.		
3. Juan ha escondido el despertador debajo de la cama para no oírlo.		
4. El sonido del despertador de Juan es muy relajante.		
5. Juan ha escuchado el sonido del despertador durante todo el día.		

c. Busca en el texto las palabras que expresen lo siguiente.

1. Incorporarse en la cama: _____.

2. Aparato que sirve para despertarnos:
_____.

3. No funciona: _____.

4. Estar de mal humor: _____.

5. Relajado, sin nerviosismo: _____.

9.5. Identifica con una *X* cuál de las siguientes formas pertenece al pretérito indefinido. A continuación, escribe el indefinido de las anteriores formas verbales en la misma persona gramatical.

a. he abierto		**g.** tuvimos	
b. llamo		**h.** hicimos	
c. comí	*X*	**i.** creemos	
d. vive		**j.** han hecho	
e. hemos ido	*fuimos*	**k.** dimos	
f. estudié		**l.** somos	

9.6. Fíjate en los dibujos y completa las siguientes frases en pretérito indefinido.

a.

Ana **entró** en la habitación de su hermano sin llamar a la puerta.

b.

Manuel _____ otro libro de *Harry Potter*.

c.

Ayer _____ un día muy aburrido para ellas.

d.

La semana pasada _____ mucho calor.

e.

Alex _____ un mal día.

f.

Manuel y sus amigos _____ durante horas.

9.7. Valeria es una chica italiana que está de vacaciones en Andalucía y le escribe una postal a su mejor amiga que vive en el norte de España. Aunque habla muy bien español, a veces se confunde en las formas del indefinido. Hay cuatro errores. Localízalos y corrígelos.

Querida Ana:

Por fin estoy en Andalucía. No me lo puedo creer. ¡Es una región maravillosa! Estoy aquí desde el lunes. Estuvo en Granada, Córdoba y Sevilla. En Granada visité la Alhambra, un monumento de origen árabe muy bonito. Después viajó a Córdoba y allí estuvieron en La Mezquita. Después compré un billete de tren y fue hasta Sevilla. En Sevilla conocí a mucha gente, visité La Giralda y paseé por las orillas del río Guadalquivir. Mañana viajo a Madrid y después a Oviedo. ¿Cómo es el norte de España? ¿Es tan bonito como el sur? La gente me dice que es muy diferente.

Un beso y hasta pronto,

Valeria

ERROR	CORRECCIÓN
_____	_____
_____	_____
_____	_____

9.8. Estamos en el mes de julio y Valeria está en España dos semanas. Señala con una *X* cuáles de los siguientes objetos puede llevar Valeria en su maleta, escribe su nombre debajo y clasifícalos por el género.

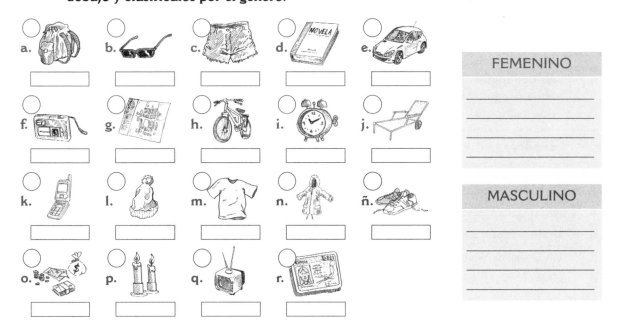

a. ⃝ [____] b. ⃝ [____] c. ⃝ [____] d. NOVELA ⃝ [____] e. ⃝ [____]

f. ⃝ [____] g. ⃝ [____] h. ⃝ [____] i. ⃝ [____] j. ⃝ [____]

k. ⃝ [____] l. ⃝ [____] m. ⃝ [____] n. ⃝ [____] ñ. ⃝ [____]

o. ⃝ [____] p. ⃝ [____] q. ⃝ [____] r. ⃝ [____]

FEMENINO
_____
_____
_____
_____

MASCULINO
_____
_____
_____
_____

9.9. Antes de finalizar el año 2006 Valeria hizo una lista de propósitos para realizar. Un año después, Valeria puede decir orgullosamente que los cumplió, pero tiene dificultades para expresarlos en pasado. ¿Por qué no la ayudas? Recuerda que los realizó el año pasado.

Propósitos para el 2006	El año pasado
a. Aprobar todas las asignaturas.	
b. Hacer deporte.	*Hice deporte.*
c. Ir al cine una vez por semana.	
d. Visitar a mis abuelos con más frecuencia.	
e. Viajar a otros países.	
f. Ir a la playa en verano.	
g. Salir con mis amigos.	
h. Aprender a cocinar.	
i. Estudiar otro idioma.	
j. Hablar menos por teléfono.	

9.10. Valeria no ve a su familia desde hace dos meses, por eso le hacen muchas preguntas. Fíjate en el marcador temporal de las respuestas de Valeria y escoge el tiempo verbal adecuado.

Preguntas de la familia
a. ¿Cuándo viste a Ana por última vez?
b. ¿Cuándo visitaste La Alhambra?
c. ¿Cuándo hiciste la última foto?
d. ¿Cuándo hablaste por teléfono con José?
e. ¿Cuándo comiste paella por última vez?

f. ¿Cuándo fuiste a la playa por última vez?

g. ¿Cuándo fuiste al cine por última vez?

h. ¿Cuándo hablaste español por última vez?

i. ¿Cuándo mandaste un e-mail por última vez?

j. ¿Cuándo escuchaste música por última vez?

Respuestas de Valeria
a. La semana pasada la _ví_/he visto por última vez.
b. Hace quince días visité/he visitado la Alhambra.
c. Esta mañana hice/he hecho la última foto.
d. Hoy hablé/he hablado con José.
e. Ayer comí/he comido paella.
f. El mes pasado fui/he ido a la playa por última vez.
g. Esta tarde fui/he ido al cine.
h. Hace una hora hablé/he hablado español con José.
i. Anteayer mandé/he mandado mi último e-mail.
j. Hace media hora escuché/he escuchado música por última vez.

9.11. Ordena los siguientes marcadores temporales y clasifícalos en la columna correspondiente.

a. yrea: _____

b. meperis: _____

c. mamtenlútie: _____

d. conahe: _____

e. taes ñamana: _____

f. le ñoa saapod: _____

g. yaertean: _____

Pretérito perfecto	Pretérito indefinido
	a. *anteayer*

Unidad 10

10.1. **Lee y marca la opción correcta.**

	Negación neutra / débil	Negación fuerte	Doble negación
a. ▷ ¡Camarero! Hay un pelo en mi sopa. ► No es un pelo, es una mosca.			
b. ▷ ¿Has dormido bien? ► Fatal. Esa cama es muy incómoda. ▷ Bueno, bueno, no tanto.			
c. ▷ Ángel, tienes que ordenar tu habitación. ► Mañana. ▷ ¡Ni hablar! ¡Ahora mismo!			
d. ▷ ¿Qué tal el concierto? ► No muy bien. No me gustaron ni los músicos ni el ambiente.			
e. ▷ Nunca jamás vuelvo a ir a esquiar. ¡Qué frío he pasado!			

10.2.

a. Relaciona cada palabra con su definición.

1. sorprendente •	• a. magnífico, estupendo
2. divertido, -a •	• b. que puede hacer daño
3. fantástico, -a •	• c. que causa sorpresa
4. aburrido, -a •	• d. que es evidente, que está claro
5. lógico, -a •	• e. entretenido, alegre
6. peligroso, -a •	• f. poco común, diferente
7. horrible •	• g. terrible, horroroso
8. extraño, -a •	• h. cansado, fastidioso

b. Completa las frases. Usa las palabras del ejercicio anterior y las formas *me parece, -n*. Atención a la concordancia.

1. No tener ordenador .... muy ....
2. Las últimas noticias sobre el cambio climático ....
3. La película que vi anoche ....
4. Ir sin casco en la moto ....
5. .... suspender un examen si no estudias.
6. .... muy .... pasar el día en el parque de atracciones.
7. Todavía hay mucha gente que muere de hambre y eso ....
8. La clase de Matemáticas y la de Química de hoy no me han gustado nada, ... muy ....

10.3.

a. Relaciona las opiniones con las personas que las dicen.

1. Creo que el tráfico en la ciudad ha empeorado mucho. Cada vez hay más coches y menos lugares para aparcar. La gente prefiere ir en coche a trabajar porque es más cómodo que el transporte público, pero en realidad es más lento, porque se producen atascos continuamente.

2. En mi opinión, la cocina española es una de las mejores del mundo; es original y muy sabrosa. Productos como el jamón ibérico, el aceite de oliva y los vinos son conocidos en todas partes.

3. A mí me gusta mucho estudiar español. Pienso que la gramática es fácil, pero para mí hablar es más difícil. A veces no hablo en clase porque me da vergüenza equivocarme.

4. A nosotros las navidades nos parecen unas fiestas que solo sirven para consumir. Sí, es verdad que nos reunimos toda la familia, pero entre comidas, regalos y otras cosas nos gastamos muchísimo dinero.

5. Pues a mí, las navidades me parecen geniales, porque además de los regalos tengo vacaciones, veo a mis primos y a veces vamos al cine o salimos. El día de Navidad comemos en casa de mis abuelos y solemos cantar villancicos. ¡Es genial!

b. ¿Qué estructuras de opinión utilizan? Escríbelas aquí.

1. _____   4. _____

2. _____   5. _____

3. _____   6. _____

c. Contesta verdadero o falso.

	V	F
1. El cocinero dice que el jamón ibérico y el aceite de girasol son muy conocidos.		
2. El policía cree que la gente prefiere ir en coche a trabajar.		
3. A la estudiante le encantan las navidades.		
4. Hiro piensa que la gramática española es muy difícil.		
5. A Hiro le da vergüenza hablar en clase.		
6. Los padres se gastan mucho dinero en Navidad.		
7. El policía opina que hay pocos sitios para dejar el coche.		
8. La estudiante come en casa de sus tíos en Navidad.		

10.4.

a. ¿Para qué utilizamos el imperativo? Marca los usos correctos.

☐ 1. Invitar a hacer algo.

2. Dar consejos. ☐

☐ 3. Expresar gustos.

4. Dar instrucciones. ☐

☐ 5. Expresar dudas.

6. Dar órdenes. ☐

☐ 7. Introducir una excusa.

8. Expresar un deseo. ☐

☐ 9. Llamar la atención.

b. Lee estos diálogos, relaciónalos con los dibujos y di cuál de los anteriores usos del imperativo es.

Diálogo 1

▷ ¡Mira, mira! Un burro volando.
► ¿Pero qué dices?
▷ ¡Que sí, que sí!

Diálogo 2

▷ *¡Brisa!* ¡Siéntate y estate quieta!
► *¡Guau, guau!*
▷ ¡Calla! Uff, qué perra más mala.

Diálogo 3

▷ No sé qué hacer, Rosa está enfadada conmigo todavía.
► Habla con ella y dile que lo sientes.
▷ ¿Crees que va a escucharme?
► Claro que sí. Llámala.

Diálogo 4

▷ *(Toc, toc)* ¿Puedo pasar?
► ¡Claro! Pasa, pasa. Siéntate y toma un refresco.
▷ Muchas gracias.

Diálogo 5

▷ Hola. Soy nuevo en el instituto, ¿me puede decir dónde está la biblioteca, por favor?
► Claro que sí, joven. Suba usted al primer piso, coja el pasillo de la izquierda y siga recto hasta el final.
▷ Muchas gracias.

c. Subraya los imperativos de los diálogos anteriores y completa el cuadro. Atención, no todos las formas están en los diálogos.

	MIRAR	SENTARSE	ESTARSE	CALLAR	HABLAR	DECIR
Tú						
Usted		siéntese	estese	calle		diga
Vosotros, -as	mirad		estaos		hablad	decid
Ustedes	miren	siéntense		callen	hablen	

	LLAMAR	PASAR	TOMAR	SUBIR	SEGUIR	COGER
Tú				sube		coge
Usted	llame		tome			
Vosotros, -as		pasad	tomad		seguid	
Ustedes	llamen	pasen		suban	sigan	cojan

10.5. **Relaciona las formas con el infinitivo correspondiente.**

1. ve •   • a. venir
2. ven •   • b. hacer
3. sal •   • c. ser
4. ten •   • d. decir
5. haz •   • e. tener
6. pon •   • f. ir
7. di •   • g. poner
8. sé •   • h. salir

10.6. **Completa las frases con la forma correcta.**

a. Vamos a empezar el examen. Primero, (escribir, vosotros) _____ vuestro nombre; segundo, (leer) _____ con atención todas las preguntas y (empezar) _____.

b. (Probar, tú) _____ el arroz. ¡Está buenísimo!

c. ¡(Callarse, vosotros) _____! Quiero escuchar las noticias.

d. ▷ ¿La calle Diputación, por favor?
   ▶ Sí, (seguir, usted) _____ todo recto y después (girar, usted) _____ a la izquierda.

e. ¡(Pasar, ustedes) _____ y (ver, ustedes) _____! ¡La increíble mujer barbuda!

f. (Vestirse, tú) _____ ya, que es muy tarde.

g. Son las 12h, (terminar, vosotros) _____ el examen y (ponerlo, vosotros) _____ encima de mi mesa.

h. (Hacer, ustedes) _____ los informes esta tarde, por favor.

10.7. Cambia las frases de *tú* a *usted*.

a. Haz los deberes.

b. Escucha al profesor.

c. Echa sal a la sopa.

d. Coge el autobús 56.

e. Llega a la reunión a las 17h.

f. Pon la televisión.

10.8. Cambia las frases de *vosotros* a *ustedes*.

a. Id a la biblioteca.

b. Salid puntuales de clase.

c. Venid a mi fiesta el sábado.

d. Traducid el texto.

e. Escribid la postal.

f. Leed el periódico.

10.9. Sustituye las palabras en negrita por el pronombre correspondiente.

a. Haz **los deberes**.

b. Eche **sal** a la sopa.

c. Coge **el autobús**.

d. Pon **la televisión**.

e. Escribid **las postales**.

f. Leed **el periódico**.

10.10. Relaciona.

1. ¿Me dejas el diccionario? •

2. ¿Puedo salir esta noche? •

3. ¿Se puede comer en clase? •

4. ¿Podemos ver esa película? •

5. ¿Me dejas usar tu móvil? •

6. ¿Puedo pasar? •

• **a.** No, es para mayores de 18 años.

• **b.** Sí, claro. Pasa, pasa.

• **c.** Sí, pero vuelve a las 23h.

• **d.** No, esperad a la pausa.

• **e.** Sí, toma.

• **f.** No puedo, es que no tiene batería.

10.11. Lee el siguiente texto.

Hola chicos, soy Bárbara, vuestra nueva profesora de español. Os voy a explicar las normas de la escuela. No se puede llegar tarde a clase; no se puede comer en el aula, pero se puede beber agua; no se puede gritar ni en la clase ni en la escuela, pero se puede hablar; no se puede entrar y salir durante la clase, pero se puede ir al baño si es necesario; se pueden usar los ordenadores durante las pausas. Y, sobre todo, se puede reír y aprender.

a. Clasifica en las columnas las cosas que se pueden o no se pueden hacer.

SE PUEDE	NO SE PUEDE

b. Busca en el texto los sinónimos de las siguientes palabras.

Aseo: _____.   Chillar: _____.
Contar: _____.   Utilizar: _____.

c. Busca en el texto los antónimos de las siguientes palabras.

Callar: _____.   Pronto: _____.
Llorar: _____.   Vieja: _____.

Índice